Extraction des objets similaires simples dans une image

Kenza Belhouchet

Extraction des objets similaires simples dans une image

Éditions universitaires européennes

Impressum / Mentions légales

Bibliografische Information der Deutschen Nationalbibliothek: Die Deutsche Nationalbibliothek verzeichnet diese Publikation in der Deutschen Nationalbibliografie; detaillierte bibliografische Daten sind im Internet über http://dnb.d-nb.de abrufbar.
Alle in diesem Buch genannten Marken und Produktnamen unterliegen warenzeichen-, marken- oder patentrechtlichem Schutz bzw. sind Warenzeichen oder eingetragene Warenzeichen der jeweiligen Inhaber. Die Wiedergabe von Marken, Produktnamen, Gebrauchsnamen, Handelsnamen, Warenbezeichnungen u.s.w. in diesem Werk berechtigt auch ohne besondere Kennzeichnung nicht zu der Annahme, dass solche Namen im Sinne der Warenzeichen- und Markenschutzgesetzgebung als frei zu betrachten wären und daher von jedermann benutzt werden dürften.

Information bibliographique publiée par la Deutsche Nationalbibliothek: La Deutsche Nationalbibliothek inscrit cette publication à la Deutsche Nationalbibliografie; des données bibliographiques détaillées sont disponibles sur internet à l'adresse http://dnb.d-nb.de.
Toutes marques et noms de produits mentionnés dans ce livre demeurent sous la protection des marques, des marques déposées et des brevets, et sont des marques ou des marques déposées de leurs détenteurs respectifs. L'utilisation des marques, noms de produits, noms communs, noms commerciaux, descriptions de produits, etc, même sans qu'ils soient mentionnés de façon particulière dans ce livre ne signifie en aucune façon que ces noms peuvent être utilisés sans restriction à l'égard de la législation pour la protection des marques et des marques déposées et pourraient donc être utilisés par quiconque.

Coverbild / Photo de couverture: www.ingimage.com

Verlag / Editeur:
Éditions universitaires européennes
ist ein Imprint der / est une marque déposée de
OmniScriptum GmbH & Co. KG
Heinrich-Böcking-Str. 6-8, 66121 Saarbrücken, Deutschland / Allemagne
Email: info@editions-ue.com

Herstellung: siehe letzte Seite /
Impression: voir la dernière page
ISBN: 978-3-8416-7590-3

REMECIEMENT

En préambule à ce mémoire, je souhaite adresser mes remerciements les plus sincères aux personnes qui m'ont apporté leur aide et qui ont contribué à l'élaboration de ce mémoire :

Je tiens à remercier dans un premier temps, mes parent qui m'ont éclairés mon chemin et qui m'ont encouragé et soutenir tout au long de mes études, plus précisément tout au long de ma vie jusqu'à qu'ils sont morts, que Dieu ait leurs âmes.

Je tiens à remercier sincèrement Dr. Nini Brahim, qui, en tant que Directeur de mémoire, s'est toujours montré à l'écoute et très disponible tout au long de la réalisation de ce mémoire, ainsi pour l'inspiration, l'aide et le temps qu'il a bien voulu me consacrer et sans, son soutiens, ce mémoire n'aurait jamais vu le jour.

J'aimerais adresser un remerciement particulier à Monsieur Boukrouma Amar, pour son aide et ses précieux conseils au cours de ces années, aussi pour sa sympathie, et sa disponibilité tous les jours.

Je remercie Monsieur Bounab.Z et Monsieur Ghoul, membres du jury, pour l'intérêt qu'ils portent à cette recherche en acceptant d'examiner mon travail et de l'enrichir par leurs propositions.

DÉDICACE

Je dédie ce mémoire : à mes parent (que Dieu ait leurs âme), à ma tante et sa fille Assia, qui m'ont encouragé et soutenus toute au long de ce travail.

À mon cher ami Adel, pour son soutien aux moments difficiles, et surtout pour sa patience.

À mes amis : Abdallah , Meziane Kenza, Zina Ben Bouzid , Zitouni Asma, Oukssel Lamia.

À tous mes collèges du département mathématique et informatique, en particuliers promotion 2011/2012.

Table de matières :

Résumé

Notre travail s'intéresse à l'analyse de scène. Il étudie la similarité pouvant exister entre objets d'une image. Afin d'accomplir une telle tâche, nous commençons par extraire les différents objets, nous étudions la similarité par leurs classification, en utilisant l'algorithme de K-means. Dans ce travail nous détectons la similarité entre objets par l'application d'une différence de pixels simple entre objets extraits.

Introduction générale

L'analyse de scène a connu un véritable essor ces dernières années. Ce domaine de recherche prend de plus en plus d'importance en traitement d'image. Cette importance est ressentie dans différents domaines de la vie quotidienne, citons par exemple : l'analyse de scènes routières, qui est devenue un domaine de recherche fructueux, et est nommée segmentation non supervisée d'images de scènes routières.

Ainsi, l'analyse de scène cherche à détecter et à classifier des objets, pour différentes raisons tel que la sécurité. Elle cherche à identifier des objets prédéfinis.

Notre travail s'intéresse à une branche particulière de l'analyse de scène qui est l'étude de similarité entre objets d'une image. Afin d'accomplir une telle tâche, nous nous intéressons d'abord à extraire les différents objets existants dans une image ; i.e. segmenter l'image pour les identifier afin de pouvoir étudier la similarité pouvant exister entre eux. Cette dernière constitue une étape de classification dans notre travail.

Plusieurs méthodes de classification existent. Dans ce travail, nous avons utilisé le K-means, qui est un algorithme de classification basée sur les distances entre pixels.

L'étude de la similarité peut être assimilée à une opération de pattern matching avec une différence majeure où il n'existe aucun modèle prédéfini cherché. Dans ce travail nous détectons la similarité entre objets par l'application d'une différence de pixels simple entre objets extraits.

Pour présenter ce travail, nous avons opté à diviser notre document en trois chapitres essentiels :

Le premier chapitre traite du clustering ; principe et théorie. Ce dernier présente une description purement théorique du clustering et de ses différents types d'algorithmes, indépendamment du domaine d'imagerie. En particulier, une description détaillée du K-means est faite ainsi que ses domaines d'application.

Le deuxième chapitre, est consacré au clustering d'image, ainsi que les concepts de base concernant le traitement d'image. Aussi, une description des opérations de classification et de segmentation est faite. Une des raisons est l'utilisation d'une de méthode simple de segmentation pour le seuillage d'image. Ensuite nous avons présenté une collection des travaux utilisant le k-means dans le traitement d'image.

Le troisième chapitre, est consacré à la description de notre application, et les différentes fonctions que réalise le logiciel.

CHAPITRE I

CLUSTERING PRINCIPE ET THÉORIE

Introduction :

Le Clustering est une notion qui intervient fréquemment dans la vie courante. En effet, il est souhaitable de regrouper les éléments d'un ensemble hétérogène, en un nombre restreint de classes les plus homogènes possibles.

Son application a joué un rôle très important pour résoudre plusieurs problèmes en reconnaissance des formes, imagerie, segmentation d'images couleur, et dans différents domaines comme la médecine, la biologie, le marketing,…etc.

Historique :

L'un des plus grands classificateurs a, sans aucun doute, été le savant suédois Linné qui, au 18-ème siècle, a établi une classification du monde vivant en général et du règne végétal en particulier, classification encore en vigueur aujourd'hui chez les spécialistes des sciences naturelles.

La première moitié du 20-ème siècle a vu un certain nombre de tentatives pour rationaliser le processus mental utilisé par Linné.

Mais ce n'est qu'à partir des années 1960, avec la diffusion de l'informatique en milieu universitaire, que sont apparus un grand nombre d'algorithmes automatisant complètement la construction des classifications (Williams and Lambert, 1959, Sokal and Sneath, 1963).

Cependant, aujourd'hui encore le support mathématique de ces méthodes reste embryonnaire et ne permet pas d'élire un algorithme aux avantages indiscutables. [1]

1-Définition du clustering :

Clustering, partitionnement de données, regroupement : est "le processus d'organisation des objets dans des groupes (clusters) dont les membres sont semblables en quelque sorte". [2]

Ou un cluster est une collection d'objets qui sont «similaires» entre eux et sont "dissemblables" pour les objets appartenant à d'autres groupes.

Le partitionnement de données est une des méthodes statistiques d'analyse des données, qui vise à diviser un ensemble de données en différents « paquets » homogènes, en ce sens que les données de chaque sous-ensemble partagent des caractéristiques communes, qui correspondent le plus souvent à des critères de proximité (similarité informatique) que l'on définit en introduisant des mesures et classes de distance entre objets.

Pour obtenir un bon partitionnement, il suffit de satisfaire les critères suivants :

1. minimiser l'inertie intra-classe pour obtenir des grappes (cluster en anglais) les plus homogènes possibles.

2. maximiser l'inertie inter-classe afin d'obtenir des sous-ensembles bien différenciés.

Ou

L'inertie intra-classe : variance des points d'un même cluster. Et
Inter-classe : variance des centres des clusters.

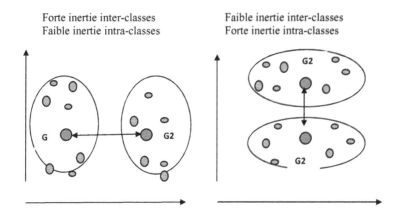

Forte inertie inter-classes
Faible inertie intra-classes

Faible inertie inter-classes
Forte inertie intra-classes

3. Maximiser la similarité SM : plus la mesure est grande, plus les points sont similaires et donc minimiser la dissimilarité DM (la distance).

Notons que la similarité est exprimée par le biais d'une mesure de distance

Distance entre deux points :

*Distance euclidienne :

$$D(x,y) = \sqrt{\sum_{i=1}^{n} (x_i - y_i)2}$$

*Distance de Manhattan :

$$D(x,y) = \sum_{i=1}^{n} |x_i - y_i|$$

*Distance de Minkowski :

$$D(x,y) = \sqrt[p]{\left(\sum_{i=1}^{n} |x_i - y_i|^p\right)}$$

*Distance de Tchebychev :

$$D(x,y) = \lim_{p \to \infty} \sqrt[p]{\left(\sum_{i=1}^{n} |x_i - y_i|^p\right)}.$$

2-Objectif du Clustering:

Comme les autres méthodes de l'Analyse des données, dont il fait partie, le clustering a pour but :

-obtenir une représentation schématique simple d'un tableau rectangulaire de données dont les colonnes sont des descripteurs de l'ensemble des observations, placées en lignes.

- répartir l'échantillon en groupes d'observations homogènes, chaque groupe étant bien différencié des autres.

- obtenir des sections à l'intérieur des groupes principaux, puis des subdivisions plus petites de ces sections, et ainsi de suite.

- Identifier des classes d'objets similaires au sein d'une collection d'objets donnée.

On dit souvent que l'ensemble des classes (clusters) structure la collection.

.

Alors l'objectif du Clustering est la structuration des données.

Exemple :

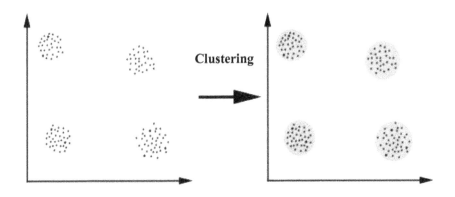

3-Étapes standards du Clustering :

1-Calcul de la matrice de similarité :
La matrice de similarité est une matrice qui encode les similarités entre objets (conversion distance et dissimilarité).

2- Choix de la méthode de classification.

3-Validation des classes obtenues.

4-Retour sur les étapes précédentes (optionnel).

4-Classification des algorithmes de clustering :

Les algorithmes de clustering peuvent être classifiés comme suit :

4.1 Algorithmes à partitionnement :

L'idée de base de ce genre d'algorithmes, repose sur la construction de plusieurs partitions puis les évaluer selon certains critères : avec plus de précision les algorithmes à partitionnement construit une partition à k clusters d'une base D de n objets ou les k clusters doivent optimiser un critère choisit.
Les algorithmes à partitionnement appartiennent à l'une des deux catégories suivantes :

-Global optimal: Considérer toutes les k-partitions
-Heuristic methods: Algorithme k-means et k-medoids : que nous allons les décrient dans ce qui suit :

La méthode des k-means a été introduite par J. McQueen [3] en 1971 et mise en œuvre sous sa forme actuelle par E. Forgy [4]. De nombreuses variantes se sont succédées afin d'étendre ses capacités de classification (séparations non linéaires) : kernel k-means [5] (k-means basée sur des méthodes à noyaux), améliorer ses performances : global-k-means [6], k-Harmonic means [7], automatiser le choix du nombre de clusters : Gaussian-means [8], X-means [9].

Comme nous avons déjà cité qu'un algorithme à partitionnement de données est une méthode dont le but est de diviser des observations en K partitions (clusters) dans lesquelles chaque observation appartient à la partition avec la moyenne la plus proche.

Les nuées dynamiques sont une généralisation de ce principe, pour laquelle chaque cluster est représenté par un noyau pouvant être plus complexe qu'une moyenne.

Description :

Étant donné un ensemble d'observations (x1, x2, …, xn), où chaque observation est un vecteur de dimension d, l'algorithme de regroupement k-means vise à partitionner les n observations dans k ensembles (k ≤ n) S = {S1, S2, …, Sk} afin de minimiser la somme des carrés à l'intérieur de chaque partition de sorte que la distance entre les observations soit le plus petite possible.

Dans le k-means chaque cluster est représenté par son centre.

Algorithme :

L'algorithme k-means peut être résumé en quatre étapes :

1. Choisir k objets formant ainsi k clusters
2. (Ré) affecter chaque objet O au cluster Ci de centre Mi tel que dist (O, Mi) est minimale
3. Recalculer Mi de chaque cluster (le barycentre)

4. Aller à l'étape 2 si on vient de faire une affectation.

Choix des clusters initiaux :

Le k-means ne converge pas forcément vers une solution optimale, ce problème due au choix initial de clusters.

Si K est déterminé par la problématique : K est égale directement au nombre de clusters réels, le problème ne se pose pas.

Sinon plusieurs techniques pour ce choix initial :

Première solution : pour choisir les k points initiaux : on ne se fatigue pas et le logiciel les détermine aléatoirement. Il peut procéder à un certain nombre d'essais et il choisira le plus concluant.

A titre d'exemple, le logiciel XLSTAT le permet grâce à l'option « Définie par les centres ».

Deuxième solution : l'avis d'expert. Suppose que quelqu'un ait une assez bonne connaissance de la population étudiée pour rattacher à chaque classe un « type idéal ». Ce dernier peut être ou non un individu réel.

Troisième solution : répartir les k points initiaux selon certains algorithmes. L'initialisation étant décidément de la mécanique de haute précision, Il existe plusieurs façons de paramétrer cette option.

Exemple pour k=2.

Étape 0 : **Coix des centres c1   c2**

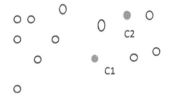

Étape *1* :

Constitution des classes autour de c1 et c2

Classe1 : point plus proche de c1 que c2.

Classe2: point plus proche de c2 que c1

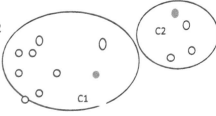

Étape 2 :

Calcul des centres de gravité g1 et g2 des deux classes formées à l étape 1.

Définition de nouvelles classes autour des centres de gravité.

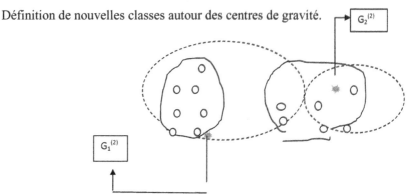

Étape 3:

Calcul des centres de gravité des classes formées à l'étape 2

Nouvelle définition des classes autour de ces centres : → STABILITE

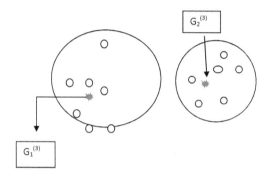

4.1.2 k-medoids ou PAM (Partition around medoids) (Kaufman & Rousseeuw 87):

Nous expliquons tous d'abords ce que veut dire : medoïde

En statistiques, un médoïde est le représentant le plus central d'une classe.

Principe:

 Le principe de cet algorithme est de trouver des objets représentatifs (medoïdes) dans les clusters (au lieu de la moyenne).

Algorithme :

Choisir arbitrairement k medoides

Répéter

    Affecter chaque objet restant au medoide le plus proche

    Choisir aléatoirement un non-medoide O_r

    Pour chaque medoide O_j

        Calculer le coût TC du remplacement de O_j par O_r

        Si TC < 0 alors

            Remplacer O_j par O_r

Calculer les nouveaux clusters

Finsi

FinPour

Jusqu'à ce qu'il n'y ait plus de changement

4.2-Clustering hiérarchique :

On distingue deux versions: le clustering Ascendant et le clustering des divisions :

4.2.1 Classification hiérarchique Ascendant CHA :

Dans la CHA chaque point ou cluster est progressivement "absorbé" par le cluster le plus proche, elle est basée sur l'union des deux plus proches clusters.

Au début, chaque données est un cluster et avec un certain nombre de traitements d'union itératif on atteints les groupes finaux voulus. Donc il s'agit d'une version de bas en haut.

Plusieurs méthodes sont classées sous la CHA, nous citons comme exemples

Chameleon [11]

Le principe de cette méthode est l'estimation de la densité intra-cluster et inter-cluster à partir du graphe des k plus proches voisins.

4.2.2 Classification Hiérarchique Descendante CHD :

Le principe de cette classification, c'est qu'elle commence à partir d'une grappe contenant tous les éléments de données et à chaque étape, les grappes sont successivement divisées en plus petits groupes selon certaines dissemblances : subdivision du cluster le moins cohérent

La CHD est une version de haut en bas.

Mais le problème qui se pose dans ce type de classification est que : lorsqu'on réalise la subdivision, il faut souvent faire une classification hiérarchique ascendante pour savoir quelle est la meilleure façon de séparer les points.

4.3 Algorithmes basés sur la densité:

Ces algorithmes sont basés sur des notions de connectivité et de densité. Ils Voient les clusters comme des régions denses séparées par des régions qui sont moins bruitées.

Exemple: DBSCAN

DBSCAN: Density Based Spatial Clustering of Applications with Noise.

Algorithme :

1-Choisir p

2-Récupérer tous les points accessibles à partir de p resp. *Eps* et *MinPts*.

3-Si p est un centre, un cluster est formé.

4-si p est une limite, alors il n'y a pas de points accessibles de p : passer à un autre point

5-Répéter le processus jusqu'à épuiser tous les points.

Avec :

-Eps: Rayon maximum du voisinage.

-MinPts: Nombre minimum de points dans le voisinage-Eps d'un point.

L'innovation dans ce type de clustering est que chaque point peut appartenir à deux ou plusieurs groupes avec différents degrés d'appartenance.

Exemple :

Classification de documents :

Représentation sac de mots (BOW) : On considère que le monde peut être décrit au moyen d'un dictionnaire (de «mots»). Un document particulier est alors représenté par l'histogramme des occurrences des mots le composant. Il s'agit donc d'un vecteur de la même taille que le dictionnaire, dont la composante i indique le nombre d'occurrences du i-ème mot du dictionnaire dans le document. [12]

Hypothèse Bayes naïf : La classification naïve bayésienne est un type de classification Bayésienne probabiliste simple basée sur le théorème de Bayes [13] avec une forte indépendance (dite naïve) des hypothèses. Elle met en œuvre un classifieur bayésien naïf, où un classifieur bayésien naïf suppose que l'existence d'une caractéristique pour une classe, est indépendante de l'existence d'autres caractéristiques.

C'est un mélange de gaussiennes, qui utilise une approche complètement probabiliste.

On suppose que les données suivent une loi de distribution statistique (ex: loi normale), dans beaucoup de cas, la loi de distribution est inconnue.

5. Évaluation et validation des méthodes de clustering   :

La qualité d'une classification est difficile à estimer.
Une classification peut être évaluée indirectement par l'impact qu'elle a dans une tâche plus générale (comme la recherche d'information par exemple).Dans certain cas, il est possible de mesurer les classes obtenues avec une classification manuelle existante de manière à tester de nouveaux algorithmes

Ceci dit, les différentes méthodes de classification ont des avantages et désavantages différents, et le choix de l'une par rapport à l'autre dépend des objectifs que l'on se fixe (classification dure ou souple par exemple). [14]

6. Domaines d'application du clustering:

Grâce aux objectifs de clustering, que nous avons déjà cités, il est utilisé dans plusieurs domaines citons :

-Marketing : emploient les mots de "typologie" pour désigner la classification :

*l'identification des sous-groupes d'une base de données clients, pour la gestion de la relation client.

* l'extraction de connaissances, qui se fait généralement sans objectif a priori pour faire émerger des sous-ensembles et sous-concepts éventuellement impossibles à naturellement distinguer.

*Identification des clients qui ont des profils d'achat similaires

-Bibliothèque :

*Identification de thèmes dans une collection de documents (applications en recherche d'information).

* Organisation des livres.

-Biologie : botanique, zoologie, écologie, ... Ces sciences utilisent également le terme de "taxinomie" pour désigner l'art de la classification :

* La classification traditionnelle de Linné (1735)

* la classification en 6 règnes (Woese, 1977)

* la classification animale Aristote (384-322 av. J.-C.) . [15]

De même les sciences de la terre et des eaux :

* Identifier les zones dangereuses.

*Étudier les tremblements de terre.

- les sciences humaines : psychologie, sociologie, linguistique, archéologie, histoire.

-Bioinformatique :

*l'analyse statistique et bioinformatique des puces à ADN : Gènes semblants. [16]

-City-planification : Identification des groupes de maison.

-Traitement d'image : utilisent en générale le mot segmentation pour désirer la classification.

Les projets dans ce domaine sont incomptables citons :

* Segmentation d'image au sens contour [17]

* Segmentation d'images médicales IRM par la méthode d'ensembles de niveaux (Level_Sets) [18]

- la médecine :

* classification BBF : Bulletin des Bibliothèques de France [19]

CHAPITRE II

CLUSTERING D'IMAGES

Introduction :

Une image est avant tout un signal $2D$ (x, y), souvent, elle représente une réalité $3D$ (x, y, z), l'appellation « image numérique » désigne toute image (dessin, icône, photographie…) acquise, créée, traitée et stockée sous forme binaire :

• acquise par des convertisseurs analogique-numérique situés dans des dispositifs comme les scanners, les appareils photo ou les caméscopes numériques, les cartes d'acquisition vidéo (qui numérisent directement une source comme la télévision) .

• créée directement par des programmes informatiques, grâce à une souris, des tablettes graphiques ou par de la modélisation 3D   « images de synthèse ».

• traitée grâce à des outils informatiques, de façon à la transformer, à en modifier la taille, les couleurs, d'y ajouter ou d'en supprimer des éléments, d'y appliquer des filtres variés, etc.

• stockée sur un support informatique (disquette, disque dur, CD-ROM…).

Et parmi les différentes   méthodes du traitement d'image nous parlerons dans ce chapitre , d'une des principales méthodes : le clustering .

1. Concepts de base :

1.1 Définition d'image :

1.1.1 D'un point de vue mathématique (image matricielle) :

Elle est composée comme son nom l'indique d'une matrice (tableau) de points à plusieurs dimensions, chaque dimension représentant une dimension spatiale (hauteur, largeur, profondeur), temporelle (durée) ou autre (par exemple, un niveau de résolution).

1.1.2 D'un point de vue humain :

Une image contient plusieurs informations sémantiques, ou on interprète le contenu au-delà de la valeur des nombres.

1.1.3Images naturelles et artificielles

- Image naturelle: image prise par plusieurs moyens d'acquisition: caméra, microscope, tomographie, infrarouge, satellite …
- Image artificielle (image crée): obtenue à partir d'application de: synthèse d'images, réalité virtuelle, visualisation scientifique …

Image naturelle

Image artificielle

1.2 Types d'image :

Mathématiquement, on peut représenter une image comme une fonction bidimensionnelle de l'intensité $f(x, y)$, avec x et y les coordonnées du point et f au point (x, y) la luminosité de ce point.

E t sur cette base de représentation, nous distinguons trois types d'image :

1.2.1 Images en niveau de gris

$f(x, y) \in [0..255]$:

1.2.2 Images binaires

$f(x, y) \in \{0, 1\}$:

1. 2.3 Images couleurs

$fR(x, y) \quad fG(x, y) \quad fB(x, y)$:

$fR(x, y)$: la valeur du rouge en position (x, y).

$fG(x, y)$: la valeur du vert en position (x, y).

$fB(x, y)$: la valeur du bleu en position (x, y).

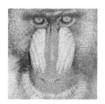 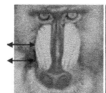

1.3.1 Dimensions / Taille de l'image

$$Taille = Largeur * hauteur\ en\ pixels,$$

Par exemple $640\ x\ 480\ ou\ 1920\ x\ 1080$

1.3.2 Résolution

Nous désignons par la résolution d'une image les points par pouce ppp (dpi : dots per inch) [a], en relation avec la taille d'origine du document

1.3.3 Profondeur

La profondeur d'une image est le nombre de bits par pixel, par exemple 24 bits/pixel

1.3.4 Dynamique

La dynamique de l'image est le nombre de bits par composante = 2^N : N = nombre de bits

par exemple 8 bits par composante = 256 valeurs possibles.

[a] : ppp : *Le point par pouce (PPP) est une unité de précision communément utilisée pour définir la résolution d'un scanner d'une imprimante. Plus cette valeur est élevée, meilleure est la qualité.*

Un format d'image est une représentation informatique de l'image, associée à des informations sur la façon dont l'image est codée et fournissant éventuellement des indications sur la manière de la décoder et de la manipuler.

Il existe plusieurs formats de fichiers pour sauvegarder les images: TIF, GIF, JPEG, PNG, PPM, PGM, BMP, ... Chaque format a ses particularités:

1.4.1Formats sans compression

Sont les formats les plus simple sont : les pixels sont codés directement, les uns à la suite des autres:

- PGM : images en niveaux de gris 8 bits
- PPM : images en couleurs Rouge-Vert-Bleu 24 bits

Les formats sans compression sont utiles comme formats d'entrée et sortie des traitements que nous ferons sur les images

1.4.2 Formats avec compression

Dans de ce format les pixels sont compressés pour que le fichier soit plus petit sur le disque, et on distingue deux types de formats avec compression :

Compression sans perte : Le fichier est compressé sans modification de la valeur des pixels
Exemple : PNG

Compression avec perte : Les valeurs des pixels sont modifiées pour prendre encore moins de place après la compression
Exemple : JPEG

1.4.3Autre formats d'images

- TIFF: format multi-usage avec/sans compression
- BMP : format couleurs 24 bits sans compression
- GIF : format couleurs 8 bits avec compression

Encore beaucoup d'autres formats.

2. Opérations sur les images :

2.1 Classification :

Cette opération a pour but de séparer différentes zones homogènes d'une image, afin d'organiser les objets en groupes (clusters) dont les membres ont en commun diverses propriétés (intensité, couleur, texture, etc).

Les méthodes de segmentation peuvent être regrouper en deux catégories : la segmentation non supervisée, qui vise à séparer automatiquement l'image en clusters naturels, c'est-à-dire sans aucune connaissance préalable des classes, et la segmentation supervisée, qui s'opère à partir de la connaissance de chacune des classes définies par une approche probabiliste.

2.1.1 Classifications supervisée et non supervisée :

Le but ultime de la classification non supervisée (ou "classification automatique", ou "clustering", ou "regroupement") est d'affecter à chaque observation une "étiquette de classe" qui matérialise l'appartenance de l'observation à une des classes..

Cette situation n'est pas sans rappeler celle rencontrée en classification supervisée : les observations disponibles ont alors déjà une étiquette de classe, et l'objectif est d'affecter (en général, de façon probabiliste), une nouvelle observation à une classe.

Mais le problème est ici plus difficile puisque les observations disponibles ne sont pas initialement identifiées comme appartenant à telle ou telle population : il faudra déduire cette information de la répartition spatiale des observations.

L'expression "non supervisée" fait donc référence au fait qu'aucun "superviseur" n'est là pour nous dire à quelle population appartient telle ou telle observation, il faut noter que l'œil humain est un extraordinaire outil de classification non supervisée.

2.1.2 Difficultés de la classification non supervisée :

L'absence d'étiquette de classe est un lourd handicap qui n'est que très partiellement surmonté, seule l'analyse de la répartition des observations peut permettre de "deviner" où sont les véritables classes.

Les difficultés essentielles que rencontre la classification non supervisée sont les suivantes :

- S'il est naturel de reconnaître comme "appartenant à une même classe" des observations regroupées dans une même zone de forte densité, il n'en est pas de même dans des zones de faible densité.

- Il s'avère que reproduire les performances de l'œil humain dans des espaces de grande dimension est un exploit aujourd'hui hors d'atteinte des machines.

2.1.3 Intérêts de la classification

- Les classes obtenues assurent une vue concise et structurée des données.

- Des regroupements inattendus apparaissent.

- Des regroupements attendus n'existent pas.

- Les classes significatives entraînent la définition de fonctions de décision permettant d'attribuer un nouvel individu à la classe dont il est le plus proche.

Parmi les méthodes de classifications citées au premier chapitre nous nous limiterons à l'étude détaillée d'une de ces méthodes c'est : K-means

Cette opération est une spécialisation de la classification :

La segmentation d'image est une opération de traitement d'images qui a pour but de rassembler des pixels entre eux suivant des critères prédéfinis, les pixels sont ainsi regroupés en régions, qui constituent un pavage ou une partition de l'image.

Il peut s'agir par exemple de séparer les objets du fond. Si le nombre de classes est égal à deux, elle est appelée aussi *binarisation.*

Si l'homme sait naturellement séparer des objets dans une image c'est grâce à des connaissances de haut niveau (compréhension des objets et de la scène).Mettre au point des algorithmes de segmentation de haut niveau (chaque région est un objet sémantique) est encore un des thèmes de recherche les plus actifs en traitement d'images.

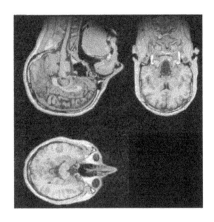 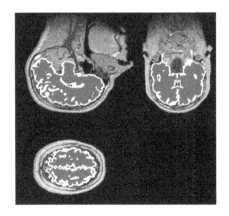

    Images 3D (3 coupes) [15]   Segmentation

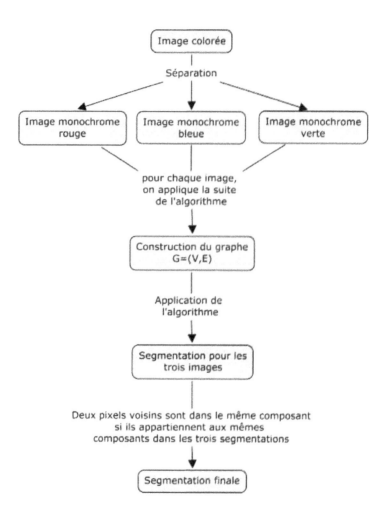

À ce jour, il existe de nombreuses méthodes de segmentation, que l'on peut regrouper en quatre principales classes :

1. Segmentation par régions (en anglais : *region-based segmentation*).

2. Segmentation par contours (en anglais : *edge-based segmentation*)

3. Segmentation fondée sur classification ou le seuillage des pixels en fonction de leur intensité (en anglais : *classification* ou *thresholding*)

4. Segmentation fondée sur la coopération entre les trois premières segmentations

2.2.1 Segmentation par régions :

Les méthodes appartenant à cette famille manipulent directement des régions. Soit elles partent d'une première partition de l'image, qui est ensuite modifiée en divisant ou regroupant des régions, et on parle alors de méthodes de type décomposition/fusion (ou split and merge en Anglais), soit elles partent de quelques régions, qui sont amenées à croître par incorporation de pixels jusqu'à ce que toute l'image soit couverte, et on parle alors de méthodes par croissance de régions. Soit fondées sur une modélisation statistique conjointe des régions et des niveaux de gris

A. Les algorithmes de type décomposition/fusion :

Ces algorithmes exploitent les caractéristiques propres de chaque région (surface, intensité lumineuse, colorimétrie, texture, etc.), on suivant les étapes suivantes :

- On cherche des couples de régions candidates à une fusion et on les note en fonction de l'impact que cette fusion aurait sur l'apparence générale de l'image.
- On fusionne alors les couples de régions les mieux notés, et on réitère jusqu'à ce que les caractéristiques de l'image remplissent une condition prédéfinie : nombre de régions, luminosité, contraste ou texture générale donnée, ou alors jusqu'à ce que les meilleures notes attribuées aux couples de régions n'atteignent plus un certain seuil (dans ce dernier cas, on parle d'un algorithme avec minimisation de fonctionnelle).

Ces algorithmes partent d'un premier ensemble de régions, qui peuvent être calculées automatiquement (par exemple, les minima de l'image ou fournies par un utilisateur de manière interactive).

Les régions grandissent ensuite par incorporation des pixels les plus similaires suivant un critère donné, tel que la différence entre le niveau de gris du pixel considéré et le niveau de gris moyen de la région.

Ces algorithmes s'appuient sur les Champs de Markov Cachés, reposent sur la minimisation d'une fonction de vraisemblance (ou énergie).

Cette fonction prend simultanément en compte la vraisemblance de l'appartenance du pixel à une région considérant son niveau de gris, et les régions auxquelles appartiennent les pixels voisins. Cette fonction effectue un compromis entre la fidélité à l'image initiale et la régularité des régions segmentées.

D. Les algorithmes de segmentation par ligne de partage des eaux : développés dans le cadre de la morphologie mathématique, appartiennent à cette catégorie.

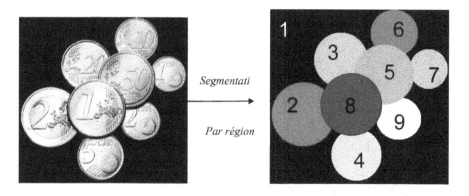

Segmentati

Par région

La détection de contour n'est en général qu'une étape préliminaire dans la reconnaissance d'objet car elle fournit plus d'informations sur les régions que les régions elle-même et doit donc être complétée par un algorithme de segmentation de région. Cependant on peut dire que les contours constituent des indices riches, au même titre que les points d'intérêts, pour toute interprétation ultérieure de l'image et méritent donc d'être traités à part.

Les contours dans une image proviennent des :

• discontinuités de la fonction de réflectance (texture, ombre),
• discontinuités de profondeur (bords de l'objet),

Et sont caractérisés par des discontinuités de la fonction d'intensité dans les images.

Le principe de la détection de contours repose donc sur l'étude des dérivées de la fonction d'intensité dans l'image: les extrema locaux du gradient de la fonction d'intensité d'une part et les passages par zéro du laplacien d'autre part.

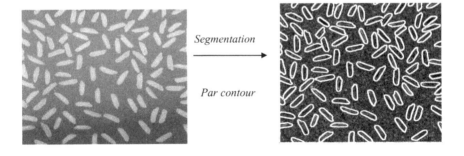

Segmentation

Par contour

Beaucoup d'autres approches   existantes et elles   peuvent être réparties selon la manière d'estimer les dérivées de la fonction d'intensité :

A. Par différences finies (opérateurs de Roberts, de Prewitt, de Sobel (très populaire), de Kirch, de Robinson) : la méthode des différences finies est une technique courante de recherche de solutions approchées d'équations aux dérivées partielles qui consiste à résoudre un système de relations (schéma numérique) liant les valeurs des fonctions inconnues en certains points suffisamment proches les uns des autres.[16]

B. Par filtrage optimal (filtres de Shen-Castan, de Deriche, filtre Gaussien) :

Trois critères ont été définis afin d'obtenir un filtre optimal pour la détection de contour:

• bonne détection : détecter un maximum de contours ;
• bonne localisation : les points détectés doivent être les plus proches possibles du vrai contour ;
• réponse unique : minimiser le nombre de contours détectés plusieurs fois.[17]

2.2.3 Segmentation fondée sur classification ou seuillage des pixels en fonction de leur intensité :

On part ici d'un rapport qu'entretient chaque pixel individuellement avec des informations calculées sur toute l'image, comme par exemple la moyenne des niveaux de gris de l'ensemble des pixels, ou la médiane, permettant de construire n classes d'intensité.

Lorsque les classes sont déterminées par le choix d'un seuil, on parle de seuillage. Les pixels appartenant à une même classe et étant connexes forment des régions de l'image. Ce type de segmentation a pour objectif d'affecter chaque pixel à une classe unique.   Plusieurs méthodes sont associées a ce type de segmentations citons :

A.   Les méthodes par minimisation de variance :

Cette méthode se base sur la répartition des pixels en K classes : c'est un problème classique de classification.

- on minimise l'inertie intra-classe
- on maximise l'inertie inter-classe

Idée de base : méthode de Fisher

On localise d'abord les seuils comme les séparateurs de distributions, ensuite on utilisation un critère de minimisation de la somme des inerties associées aux différentes classes.

B.Les méthodes par détection de vallées : Cette méthode se base sur l'histogramme des niveaux de gris :

- Recherche des minima locaux de l'histogramme normalisé
- Positionnement des seuils de classification sur ces minima locaux (multiseuillage).

C. Les méthodes de classification bayésienne :

- Hypothèse : chaque classe suit une répartition gaussienne
- Meilleurs seuils = ceux qui minimisent l'erreur de classification

Remarque:

- Ne tient pas compte du voisinage du point considéré
- Peu performant pour les images complexes

Ce type des méthodes pose les difficultés suivantes :

- Le choix du nombre de classe (approches non supervisées),et le choix des attributs.

3. K-means dans le traitement d'image:

L'un des algorithmes les plus connus, pour la classification est l'algorithme K-means largement adopté en traitement d'images vu sa simplicité de mise en œuvre et sa capacité à fournir une bonne approximation de la segmentation recherchée.

Le K-means est un algorithme itératif qui minimise la somme des distances entre chaque pixel et le centroïde de son « cluster ».

Ces centroïdes sont initialement placés le plus loin possible les uns des autres afin d'optimiser la qualité des résultats obtenus. Le principe de cet algorithme consiste à échanger des pixels entre deux classes jusqu'à ce que la somme des distances intra classes ne puisse plus diminuer.

Le résultat idéal serait un ensemble de clusters compacts et clairement séparés. Néanmoins cette méthode nécessite comme unique paramètre un nombre de classes K prédéfinis a priori par l'utilisateur.

La méthode des k-means est un outil de classification classique qui permet de répartir un ensemble de données en k classes homogènes.

La plupart des images (photos, dessins vectoriels 2D, synthèses 3D, ...) vérifient localement des propriétés d'homogénéité, notamment en termes d'intensité lumineuse.

L'algorithme des k-means permet donc d'apporter une solution à la segmentation d'images.

L'algorithme des k-means peut être utilisé pour effectuer une segmentation d'une image qui présente des zones de couleur relativement uniforme.

La méthode des k-means est très exploitée pour le traitement d'image ,d'une part pour sa simplicité de mise en œuvre et d'autre part car elle peut fournir une bonne approximation de la segmentation recherchée.

Néanmoins cette méthode souffre d'un défaut qui a son importance en segmentation d'images : elle introduit des discontinuités spatiales assez fortes aux frontières des classes.[17]

Des méthodes de régularisation sont donc généralement employées pour renforcer la connexité et ainsi réduire le nombre de composantes connexes de chaque classe.

L'utilisation du K-means dans le traitement d'image est devenue de plus en plus utile dans le traitement d'image, citons :

- Determination of number of clusters in k-means clustering and application in colour image segmentation: Siddheswar Ray and Rose H. Turi

Dans ce travail présentent une simple mesure de validité, basé sur la distance intra-cluster et inter-cluster qui permet de déterminé le nombre des clusters automatiquement.

- Sérialisation du k-means pour la segmentation des images en couleur: Application aux images de documents et autres :

Ce travail présente un système de segmentation adaptatif qui a été créé pour l'analyse d'images de documents en couleur.

Cette méthode est basée sur une sérialisation de l'algorithme k-means (ou nuées dynamiques) appliqué séquentiellement sur l'image dans une fenêtre glissante.

Lors du déplacement de la fenêtre, l'algorithme k means réutilise des informations provenant des nuées calculées dans la fenêtre précédente et les ajuste automatiquement pour adapter le classificateur à toute variation locale des couleurs. [18]

Ce travail présente une segmentation d'image basée sur les caractéristiques de couleur avec K-means, les régions sont regroupées en un ensemble de k classes en utilisant algorithme de classification K-moyennes [19]

4. Pattern matching :

On désigne par la reconnaissance de formes (ou parfois reconnaissance de motifs) un ensemble de techniques et méthodes visant à identifier des motifs informatiques à partir de données brutes afin de prendre une décision dépendant de la catégorie attribuée à ces motifs. On considère que c'est une branche de l'intelligence artificielle qui fait largement appel aux techniques d'apprentissage automatique et aux statistiques.

Le mot forme est au sens très général, il ne s'agit pas que de forme géométrique. Les formes ou motifs à reconnaître peuvent être de natures très variées. Il peut s'agir de contenu visuel (code barre, visage, empreinte digitale...) ou sonore (reconnaissance de parole), d'images médicales (rayon X, EEG, IRM...) ou multi spectrales (images satellitaires) et bien d'autres.

Un des cas particuliers de la reconnaissance de formes est le : Pattern Matching :

La mise en correspondance de formes (pattern matching) consiste à localiser dans une image les instances d'un motif connu en évaluant la ressemblance entre chaque zone de l'image et le modèle. C'est un outil commun à de nombreuses applications, incluant notamment la vision, la reconnaissance d'objets, le recalage et le suivi de cibles.

Les techniques les plus classiques do pattern matching reposent sur la théorie des espaces vectoriels et utilisent des calculs de corrélation entre l'image et le modèle, les meilleures correspondances étant définies comme des maxima de corrélation entre deux vecteurs [20].

CHAPITRE III

APPLICAITON

Introduction :

Notre travail consiste en l'extraction d'objets similaires simples dans une image supposée non bruitée, après l'avoir binariser.

Ce qui suit est une brève description du langage de programmation, utilisé pour l'implémentation de notre application, ainsi que les caractéristiques de l'ordinateur utilisé.

1. caractéristiques de l'ordinateur :

Notre application a été développée sur un ordinateur (pc) ayant les propriétés suivantes :

Processeur : Pentium(R) Dual-Core CPU   T4200 @2.000GHz 2.00GHz

Mémoire installée : 3,00Go.

Type de système : système d'exploitation 32bits.

2. Langage de programmation :

Le langage utilisé est le C++, plus précisément l'environnement Builder :

Présentation :

C++Builder est un RAD (méthode de développement rapide d'applications)conçu par Borland qui reprend les mêmes concepts, la même interface et la même bibliothèque que Delphi en utilisant le langage C++. Il permet de créer rapidement des applications Win32 ainsi qu'une interface graphique avec son éditeur de ressources. Il est compatible avec la norme ISO C++.

Le langage C a été développé sur système UNIX afin de le créer. Cela ne veut pas dire que le langage C ne fonctionne que sur ce système. Un programme C est théoriquement portable, moyennant une compilation, sur presque toutes les plateformes.

Le C est un langage qui permet de faciliter l'écriture des programmes qui devraient sinon se faire en langage machine. Ce langage n'étant pas, c'est le moins que l'on puisse dire, facile d'accès.

Il faut donc une fois le programme réalisé le traduire en langage machine et ceci au moyen d'un compilateur ou d'un interpréteur.

Le langage C est un langage compilé contrairement à d'autres, comme le Korn Shell, qui sont interprétés. Le programme réalisé, appelé programme source, est donc traduit complètement avant de pouvoir être exécuté. La compilation génère un programme dit exécutable.

Au contraire un programme interprété sera traduit et exécuté ligne par ligne et ne créera pas de programme exécutable.

La compilation permet de trouver les éventuelles erreurs syntaxiques dans le programme   source.
Si la compilation a réussi, cela indique, que syntaxiquement le programme source était correct. L'exécution permettra de définir alors si sémantiquement il l'est. Le programme peut s'exécuter mais ne pas vous donner le résultat escompté ou échouer si vous utilisez des éléments non conformes ou dans un mauvais contexte.

Le langage C propose un certain nombre de fonctions prédéfinies dans des bibliothèques ce qui facilite ainsi le travail (Lecture, Ecriture ...).

Ce langage est typé et déclaratif. Tout objet doit avoir un type (Caractère, Entier ...) et doit être déclaré avant son utilisation.

De nombreuses offres d'emplois en informatique demandent au candidat de connaître au moins un langage de programmation, souvent la connaissance du C est demandée. [24]

Importance du langage c++ en traitement d'image :

Le langage C a été retenu pour notre travail, car il est le langage le plus communément utilisé dans le domaine du traitement d'images numériques.

La principale motivation du courant emploi de ce dernier, est sa rapidité d'exécution, car le traitement d'images requiert des ressources conséquentes, tant au niveau de la gestion de la mémoire, que de la charge processeur.

En effet, la majeure partie des traitements est basée sur le principe d'itérations (assez souvent des boucles imbriquées sont utilisées), dans la mesure où il faut traiter tous les pixels d'une image, qui est représentée par une matrice (ou un vecteur de vecteurs).

En outre, le langage C permet une grande maîtrise de la mémoire (gestion par pointeurs), et également, une optimisation des accès à cette mémoire (accès directs par pointeur). De plus, il est également possible de grandement optimiser les algorithmes.

3. Description des fonctions de l'application :

Première Fonction :

Notre application commence par transformer l'image couleur entrée par l'utilisateur en une image en niveau de gris :

Pour les images couleurs, un pixel dispose généralement des trois composantes RGB (en anglais : Red, Green, Blue ; en français : Rouge, Vert, Bleu).

Un pixel gris a ses trois valeurs RGB identiques.

La C.I.E (Commission Internationale de l'Éclairage) propose, de caractériser l'information de luminance (la valeur de gris) d'un pixel par deux formules [25] :

• Dans sa recommandation 709, qui concerne les couleurs « vraies » ou naturelles :

$$Gris = 0,2125 * Rouge + 0,7154 * Vert + 0,0721 * Bleu$$

• Dans sa recommandation 601 pour les couleurs non-linéaires, c'est-à-dire avec correction du gamma (image vue à partir d'un écran vidéo) :

$$Gris = 0,229 * Rouge + 0,587 * Vert + 0,114 * Bleu$$

Ces formules rendent compte de la manière dont l'œil humain perçoit les trois composantes, rouge, vert et bleu, de la lumière.

Dans notre application, on utilise la méthode suivante :

Pour convertir une image couleur en niveau de gris nous calculons la moyenne des trois composantes RGB et nous utilisons cette valeur moyenne pour chacune des composantes.

$$Gris = \frac{(Rouge + Vert + Bleu)}{3}$$

Deuxième fonction

Après l'obtention d'une image en niveau de gris, l'application fait la binarisée :

La binarisation ou seuillage d'une image est la méthode la plus simple de segmentation d'image.

À partir d'une image en niveau de gris, le seuillage d'image crée une image comportant uniquement deux valeurs, noir ou blanc (monochrome).

La binarisation d'une image remplace un à un les pixels d'une image à l'aide d'une valeur seuil fixée (par exemple 123) tel que :

Si un pixel à une valeur supérieure au seuil (par exemple 150), il prendra la valeur 255 (blanc), et il prendra la valeur 0 (noir), si non.

Ensuite extraire les données significatives qui sont représentées par les points blancs. En effet, s'il existe un objet à extraire il sera forcément blanc.

Cette fonction consiste à l'extraction des objets existants dans l'image. Rappelons que parmi les méthodes de segmentation citées au premier chapitre, notre travail repose sur l'utilisation du k-means. Pour cela, notre application a implémenté l'algorithme du k-means comme nous l'avons déjà décrit dans les chapitres précédents. Ce qui suit est une description de l'adaptation de la méthode de k-means dans l'application :

1. L'application donne la possibilité à l'utilisateur d'entrer le nombre d'objets à extraire : lecture du k.

2. Le choix des centres initiaux :

Soit automatiquement : L'application présente une méthode pour le choix des centres initiaux de façons à satisfaire le critère suivant :

Les centres doivent être les plus lointains possible les uns des autres.

Soit un choix supervisé : l'application donne la main à l'utilisateur de choisir les centres initiaux en cliquant sur les objets.

3. Calcule des distances entre chaque centre et tous les points blancs :

Parmi les distances citées dans les chapitres précédents, nous avons calculé les distances par la formule des distances euclidiennes.

5. Chercher le minimum des distances :

Affecter chaque point blanc au cluster dont la distance, entre le centre de ce dernier est le pixel, est la minimale par rapport aux autres centres.

1. Mise à jour des centres : Après avoir terminé la cinquième étape, l'application met à jour les centres en utilisant les points affectés à chaque objet.

2. Enfin notre application teste la convergence de l'algorithme :

La convergence dans notre cas désigne la stabilité des centres de gravité.

Si les centres calculés à l'étape actuelle sont les mêmes que les centres de l'étape précédente alors l'algorithme a convergé.

7. Si l'algorithme converge, on extrait les objets des centres stables.

   Sinon, on refait l'algorithme de la première étape à la septième. Notons que les centres initiaux de chaque étape sont les derniers centres mis à jour.

Limites du K_means :

Le principe de l'algorithme du k-means est en soit une limite. En effet, la qualité de la détection des objets est basée sur le choix des positions initiales des centroïdes. En ce sens, il est possible de détecter un objet comme étant deux objets ou plus et ce en fonction de la valeur choisie de k, particulièrement si elle est supérieure au nombre d'objets. Aussi, il est possible détecter une partie d'un objet comme étant celle d'un autre. La cause en est toujours relative au principe du k-means. Le fait de rechercher un objet sur la base du rapprochement des pixels conduit à de fausses détections.

Ce cas sera illustré dans ce qui suit.

La quatrième fonction :

Une fois les objets sont extraits, notre application cherche si ceux-ci sont similaires entres eux.

Parmi les méthodes simples du pattern matching, notre application a utilisé le principe des différences. Elle considère que deux objets comme similaires, s'ils vérifient l'une des conditions suivantes :

Condition de Similarité totale :

La similarité entre deux objets implique : la forme, la taille, et l'angle de rotation.

Un objet est similaire à un deuxième si la différence, pixel à pixel entre ces deux, est égale à 0.

Nous avons implémenté une fonction de Scale :

La similarité entre deux objets implique : la forme, l'angle de rotation. Et non pas la taille.

Deux objets qui ont la même forme, et le même angle de rotation sont similaires même s'ils n'ont pas les mêmes dimensions.

Condition de rotation :

La similarité entre deux objets implique : la forme, la taille. Et non pas l'angle de rotation

Deux objets qui ont la même forme, et la même taille sont similaires même s'ils n'ont pas le même angle de rotation.

Une conjonction entre la deuxième et la troisième fonction.

Deux objets qui ont la même forme, sont similaires même s'ils n'ont pas le même angle de rotation et la même taille.

Nous avons appliqué un ou entre la deuxième et la troisième fonction.

Deux objets qui ont la même forme, sont similaires même s'ils n'ont pas le même angle de rotation ou n'ont pas   la même taille.

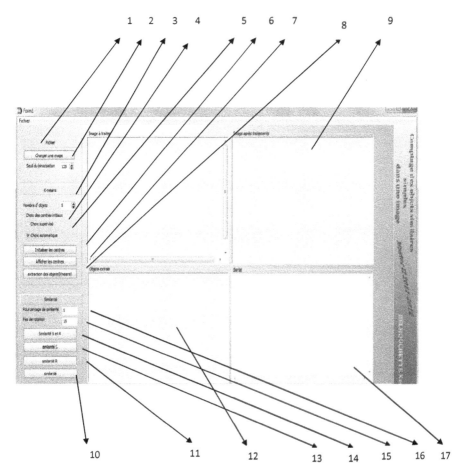

1 : Ouvrir une image à partir di disc dur, et la convertir en niveau de gris en suite en image en noir et blanc

2 :L'application donne la main à l'utilisateur d'entrer le seuil de binarisation.

3 : L'application donne la main à l'utilisateur pour fixer le nombre d'objets.

4 : Choix supervisé des centres initiaux.

5 : Choix automatique des centres initiaux.

6 : Initialiser les centres initiaux automatiquement.

7 : Afficher les centres des objets.

8 : lancer l'algorithme du k-means .

9 : Affichage de l'image résultat.

10 : Similarité avec scale ou rotation

11 : Similarité avec rotation

12 : affichage des objets extrais.

13 : Similarité avec scale.

14 : Similarité avec scale et rotation

15 : Pat de rotation

16 : Pourcentage de similarité

17 : Sortie

18 : l'image initiale.

Test 1 :

Bouton 1 ;

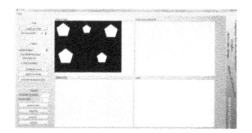

Bouton 4,7 ;

Les centres
initiaux choisis

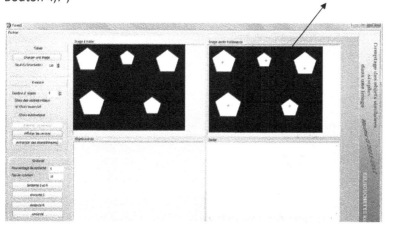

Bouton 8 ;

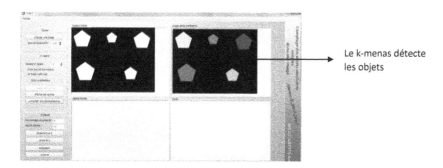

Le k-menas détecte
les objets

Similarité par scale

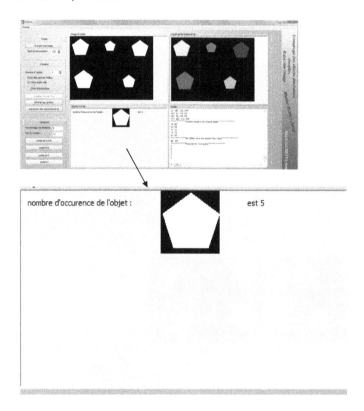

Test 2 : nous avons suivi les mêmes étapes précédentes seulement nous avons changé le type de

similarité

Bouton 14 : Similarité en rotation

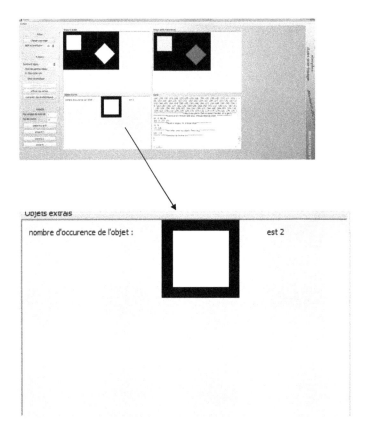

L'application détecte un seul objet au lieu de deux, par ce que on effectuant les rotations avec un pat entré par l'utilisateur, l'application constate que c'est un seul objet.

Test 2

Similarité par scale

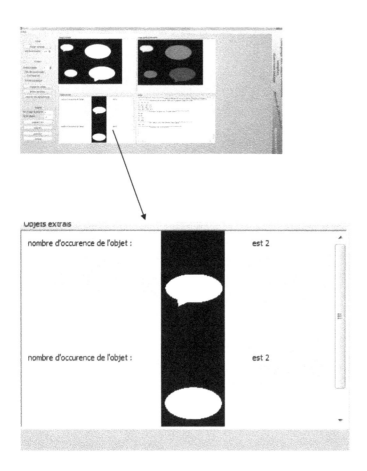

Test 3 :

Similarité en scale ou rotation

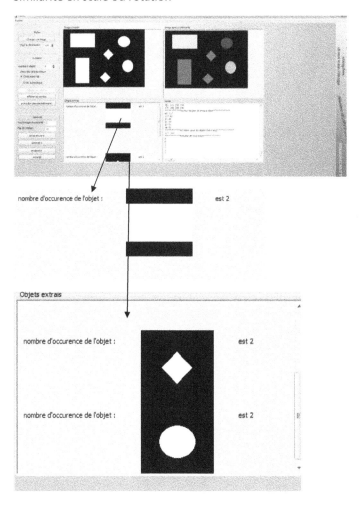

Test 4: Limites du K-means :

Résultats du k-means

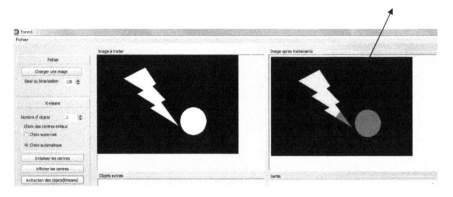

CONCLUSION

Afin de compter les objets similaires d'une image, nous avons utilisé une des méthodes du pattern matching qui est la différence d'images, pour détecter la similarité. L'extraction des objets est faite par une méthode de classification qui est le K_means, décrit en détail dans le premier chapitre. Nous avons constaté que ce dernier est un algorithme de classification supervisée parce que nous devons fixer dès le début le nombre d'objets à déterminer. Cependant, notre travail tente de l'adapter pour en faire un algorithme de classification non supervisée parce qu'on ne connait pas les objets à extraire à priori.

Nous avons constaté que le K-means fait une bonne classification des objets, si nous disposons des centres initiaux réels des objets. Dans le cas contraire, le K-means présente des limites, que nous avons citées dans le dernier chapitre.

Notre travail a pour objet de détecte les objets similaires dans une image en les comptants. Autrement dit, l'application calcule le nombre d'occurrences de chaque forme dans l'image.

Notre travail accueillera des améliorations des points suivants :

Notre programme, prend beaucoup de temps pour afficher les résultats, qui pose un problème de complexité, due à la détection de similarité entres objets après rotation , plus que le pat de rotation diminue plus que le nombre de rotation augmente, par conséquent la complexité augmente.qui un majeur problème qui doit être résolut.

Aussi le problème du K-means, cité dans le point limites du k-means:

La détection des objets dépend uniquement des distances entre pixels ce qui ne donne pas toujours des résultats idéals.

La méthode utilisée pour détecter la similarité entres objets est la différence simple, qui n'est pas objective en terme de sémantique.

Aussi elle demande un seuil (pourcentage de similarité), pour pouvoir détecter la similarité, sinon la similarité n'est jamais atteinte.

RÉFÉRENCES

[1] : ALGORITHMES DE CLASSIFICATION

Maurice ROUX

Professeur émérite

Université Paul Cézanne

Marseille, France.

[2] : http://fr.wikipedia.org/wiki/Partitionnement_de_donn%C3%A9es.

[3] Some methods for classification and analysis of multivariate observations.

J. McQueen.

In Proceedings of the Fifth Berkeley Symposium on
Mathematical Statistics and Probability

[4]: Cluster analysis of multivariate data : Efficiency vs. interpretability of classifications.

Biometrics

E. Forgy.

[5]: A large scale clustering scheme for kernel k-means.

Rong Zhang and Alexander I. Rudnicky.

[6]: The global k-means clustering algorithm.

Pattern Recognition

Aristidis Likas, Nikos A. Vlassis, and Jakob J. Verbeek.

[7]: K-harmonic means - a data clustering algorithm

B. Zhang and M. Hsu.

[8]: Learning the k in k-means.

Greg Hamerly and Charles Elkan.

[9]: X_means: Extending K-means with efficient estimation of the number of clusters.

Dan Pelleg and Andrew Moore.

[10] : http://en.wikipedia.org/wiki/K-means_clustering

[11] : Apprentissage non-supervisé pour la segmentation automatique de textes.

Jean-François Pessiot, Marc Caillet, Massih-Reza Amini, Patrick Gallinari
Laboratoire d'Informatique de Paris 6
8 rue du Capitaine Scott
75015 Paris, France

[12] http://fr.wikipedia.org/wiki/Sac_de_mots

[13]: http://fr.wikipedia.org/wiki/Th%C3%A9or%C3%A8me_de_Bayes

[14] : Classification (clustering)
Eric Gaussier
Universit´e Grenoble 1
X Lab. Informatique Grenbole / MRIM

[15] : http://biologie.wikispaces.com/Classification

[16] : http://fr.wikipedia.org/wiki/M%C3%A9thode_des_diff%C3%A9rences_finies

[17] : http://fr.wikipedia.org/wiki/D%C3%A9tection_de_contours

[18] : Gaëlle Lelandais
lelandais@biologie.ens.fr

[19] : Segmentation d'image au sens contour

Département informatique
groupe ESIEE paris :
Responsable Gilles BERTRAND

[18] : Segmentation d'images médicales IRM par la méthode d'ensembles de niveaux
M. Beladgham, F. Derraz, M. Khélif
Université Abou- Bekr Belkaid -Tlemcen
Faculté des Sciences de l'Ingénieur
Laboratoire de Génie Biomédical
B.P 230, Tlemcen 13 000, Algérie

[19] Méthodes mathématiques pour le Traitement d'Image
M. Bergounioux

[20] : 2D Object Recognition by Multiscale Tree Matching, Pattern Recognition
V. Cantoni, L. Cinque, C. Guerra, S. Levialdi et L. Lombardi,
1998.

[21] : classification médicale :
Dr Geneviève Nicole-Genty

[22] : http://www.tsi.telecom-paristech.fr/pages/enseignement/ressources/beti/hyste-
dyn/node9.html
[23] : Sérialisation du k-means pour la segmentation des images en couleur
Yann LEYDIER1,2 –
Frank Le BOURGEOIS2 –
Hubert EMPTOZ2

[24]: COLOUR BASED IMAGE SEGMENTATION USING K-MEANS CLUSTERING

DR. S.K. KATIYAR

Department of civil Engineering,

MANIT, Bhopal

Bhopal-51, Madhyapradesh, India

[25]: http://portail.jacquenod.net/Web/CoursC/coursC.html

www.ingramcontent.com/pod-product-compliance
Lightning Source LLC
LaVergne TN
LVHW042346060326
832902LV00006B/429